おにぎりは味方です

瀬尾幸子

どうして、おにぎりが

「味方」なの？

忙しい朝も、腹ペコの昼も、
ゆっくり飲みたい夜も、
おにぎりがあれば、とっても安心。

日々のごはんやお弁当にも、
行楽のお供にも、
おにぎりがあれば、とっても幸せ。

たとえ、から揚げが
1個だけ残っていても、
おにぎりにしちゃえば、
それだけで満たされる。

手軽で、気楽で、誰でも作れて、
お米がおいしく食べられる。
それがおにぎり。

おにぎりは
いつだって、
あなたの、私の、
みんなの「味方」です。

《目次》

◎おにぎりの基本

朝おにぎり

火を使わず、家にあるもので

スピードおにぎり

具がなくてもうまい！

昼おにぎり

王道の具をちょいアレンジ

定番＋αおにぎり

おかずいらずの満足感

混ぜご飯おにぎり

意外なおかずも具になります

おそうざいおにぎり

にぎらず、ご飯をたたむだけ

おにぎりサンド

食べやすくくるりと巻いて

太巻きおにぎり

夜おにぎり

お酒がクイクイ進んじゃう おつまみおにぎり

つまみに、晩酌の〆《シメ》に 焼きおにぎり

《作りおきコラム1》毎日でも食べたいおにぎりの具

《作りおきコラム2》ちょっと特別なおにぎりの具

あとがき

《この本の使い方》

- 大さじ1＝15㎖、小さじ1＝5㎖、カップ1＝200㎖です。
- 少量＝親指と人差し指でつまんだ分量、ひとつまみ＝親指、人差し指、中指でつまんだ分量を目安にしてください。
- フライパンはコーティング加工を施してあるものを使用しています。
- 電子レンジの加熱時間は700Wを基準にしています。なお、機種により加熱時間が多少異なるので、取扱説明書の指示に従い、様子を見ながら加熱してください。
- 塩は「自然塩」、しょうゆは「濃い口しょうゆ」、オリーブ油は「エクストラ・ヴァージン・オリーブオイル」を使用しています。
- 本書レシピでは、食材を洗う工程を済ませてからの手順を紹介しています。適宜行ってください。
- 本書の一部のおにぎりは、中身の具がわかりやすいようにおにぎりの上にもちょこんと具をのせて撮影しました。実際に作るときは、具をのせる必要はありません。
- のりの分量が「適量」となっているレシピは、好みの長さや幅に切ったのりで自由に巻いてください。のりがなければ、巻かないで食べてもかまいません。

おにぎりの基本

おにぎりを作る前に
知っておきたい材料のこと、
お米のおいしい炊き方、
おにぎりのおいしい作り方を
わかりやすくご紹介します。

さあ、
作るよー！

材料のこと

おにぎりに欠かせない米と塩とのりのお話です。
選ぶときのヒントにしてください。

【米】

おいしくにぎるカギは「粘りけ」

おにぎりをおいしくにぎるカギは、米の粘りけにあります。コシヒカリ、ゆめぴりか、ミルキークイーンといった近年人気の米は、粘りけが多いもちもちのご飯になります。このタイプはご飯粒同士がくっつきやすいので、強くにぎらず、そっとまとめるくらいでよいのです。いっぽう、ササニシキのようにあっさりしていて粘りけが少ない品種は、少し強めににぎって形を整えます。ふだん食べている米のタイプに合わせて、力を加減してにぎりましょう。

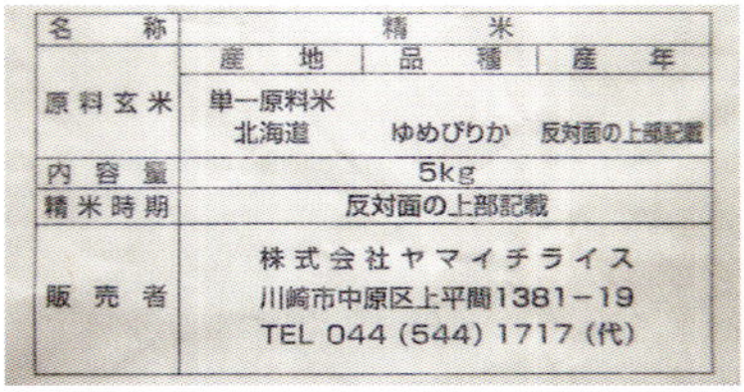

名称	精米		
	産地	品種	産年
原料玄米	単一原料米 北海道	ゆめぴりか	反対面の上部記載
内容量	5kg		
精米時期	反対面の上部記載		
販売者	株式会社ヤマイチライス 川崎市中原区上平間1381－19 TEL 044 (544) 1717 (代)		

米の品種は袋の裏に表示されています。

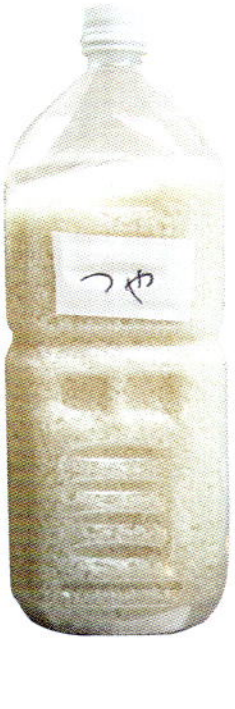

米は冷蔵庫で保存すると、酸化が防げて長持ちします。2リットルのペットボトルに移すと収納しやすいです。

【塩】精製塩よりも、自然塩を

塩味がシャープな精製塩よりも、ミネラルが豊富で口当たりがやわらかい自然塩のほうがおにぎりには向いているように思います。とくに、海水塩を天日で乾燥させた「天日塩」がおすすめです。

お土産でもらった各地の塩を、おにぎりで味比べするのも楽しいです。

【のり】薄くて黒いものを選びましょう

のりは好みのものでかまいません。手に入りやすいものでよいのです。強いていえば、噛み切りやすい薄いのりがおにぎり向きです。色は黒いほうが味や香りがよいといわれますが、緑っぽいからといって品質が悪いわけではありません。

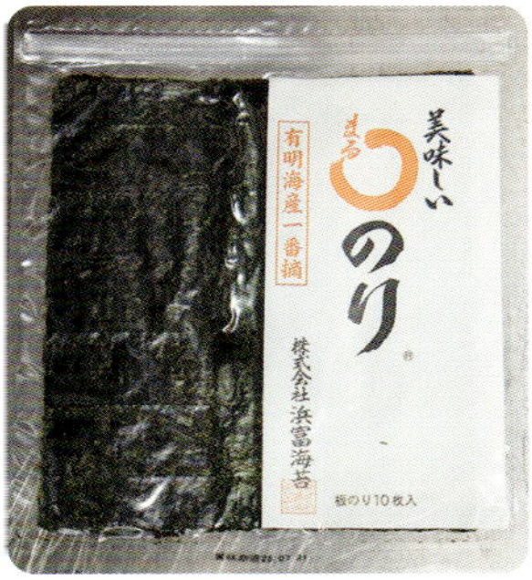

のりは袋を開けた瞬間から空気中の水分を吸収しはじめます。使う分だけ取り出したら、袋の中の空気を抜き、口をしっかり閉じて保存します。

米のおいしい炊き方

おにぎりは、米を味わう料理です。米のおいしさを引き出す炊き方をマスターしましょう。

米を洗う

米をおいしく炊くためには、スタートの「洗米」が大事。水で洗って米のまわりにくっついているぬかを取りつつ、適度にうまみを残すのがコツです。水にしみ出たぬかを米に吸わせないように、手早く行いましょう。

①

計量した米をボウルや炊飯器の内釜に入れ、米がおどるくらい勢いよく水道水を加えます。

②

水を加えたら、手でぐるりと1周だけ混ぜ、すぐに捨てます。入れっぱなしにすると、米がぬか臭くなります。

3

水を捨てたら、指を熊手のように広げてシャカシャカと20回混ぜます。力を入れてギューギュー「研ぐ」必要はありません。

4

再び勢いよくたっぷりの水を加えてぐるりと混ぜます。

5

水をすぐに捨てます（このあとはシャカシャカと混ぜません）。

6

再び勢いよくたっぷりの水を加えてぐるりと混ぜ、水をすぐに捨てます。これで洗米は終了。水が少し白く濁っていますが、ここで洗うのをやめます。水が透明になるまですすぐと、うまみのないご飯になってしまいます。

浸水

最新型の炊飯器は、普通炊きモードに吸水の工程が含まれているので、洗米後すぐに炊くことができます。これでもじゅうぶんおいしいですが、もっとおいしく炊くなら、30分から3時間ほどおいて（ひと晩でもOK！）、米の芯まで水を吸わせます。夏場や室温が高い場合は、冷蔵庫で浸水させるのがおすすめです。

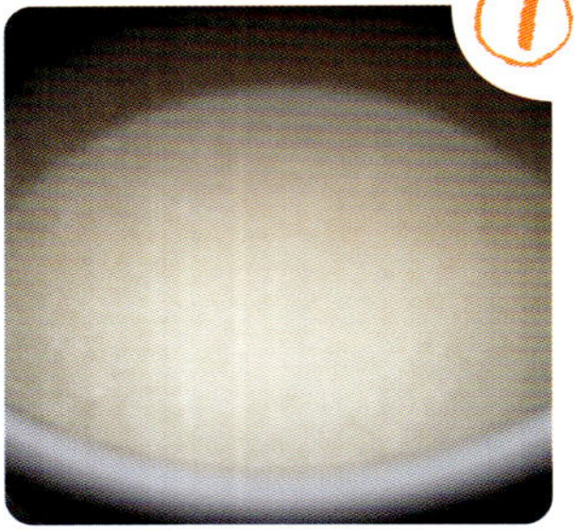

①

浸水スタート。水の分量は炊飯釜の内側の目盛りに合わせます。水が少し白く濁りますが、このくらいのほうがおいしく炊けます。

②

1時間ほど浸水させた状態。透明だった米の色が真っ白になり、水を吸って粒の大きさもひと回り大きくなりました。

炊飯

しっかり浸水させた米なら、早炊きモードで炊くのがおすすめです。

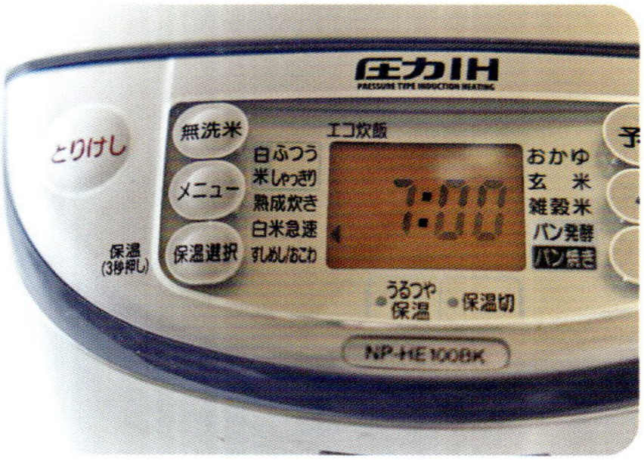

「早炊き」「急速炊飯」など、メーカーによってさまざまな名称がありますが、普通炊きよりも早く炊き上がるモードにスイッチオン。

ご飯を混ぜる

一般的な炊飯器は炊飯後に蒸らしの工程があります。蒸らし終わると、炊き上がりのチャイムが鳴ります。この音がしたら、すぐにふたを開け、しゃもじでご飯をかき混ぜます。余分な水分をとばし、熱いうちにご飯粒の間に空気を含ませるためです。

①

水でぬらしたしゃもじを内釜の縁に沿って、ぐるりと一周させます。

②

しゃもじを底のほうに入れてご飯を持ち上げ、天地をひっくり返します。

③

しゃもじの向きを変え、包丁で切るようにご飯を優しく混ぜます。ご飯粒をつぶさないように気をつけましょう。

おいしいご飯が炊けたら、
いよいよおにぎりを
にぎってみましょう。

おにぎりのおいしい作り方

「おにぎり」とはいうものの、「にぎる」のではなく、ふんわりと「整える」くらいの気持ちで作りましょう。

【基本のおにぎり】

ご飯と具を用意する

おにぎりをにぎる前に、ご飯と具を準備します。冷めたご飯は粒同士がくっついて、ふっくらにぎることができないので、必ず温かいものを用意しましょう。炊きたてが一番ですが、冷凍ご飯をレンチンしてからにぎってもかまいません。

1 この本では1個分のおにぎりにご飯120gを使用します。小さめの茶碗を用意し、ご飯半量（60g）を平らに入れます。ギューギュー押し込まず、ふわっと入れましょう。

2 ご飯の中央に具をのせます。

3 残りのご飯をかぶせます。下のご飯と上にのせたご飯で具をはさむイメージです。

手に水と塩をつける

おにぎりを作る前に、手のひらに水をつける理由は、ご飯粒を手にくっつけることなく、きれいににぎるため。塩も味つけのためだけでなく、手のひらに広げることで、水と同じようにご飯粒がくっつきにくくなります。

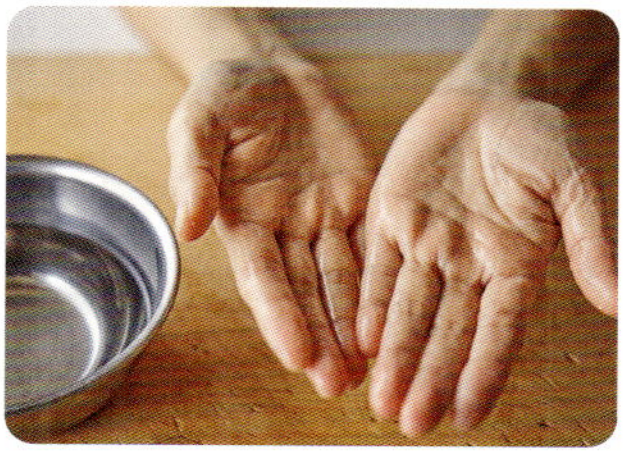

4 手のひらを水でぬらします。ご飯が水っぽくなるのでビチョビチョにせず、軽く湿らせるくらいでOK。水道の蛇口から直接ぬらすのではなく、容器に水を入れてぬらすと、量が加減しやすいです。

5 手のひらに塩小さじ1/2をのせ、

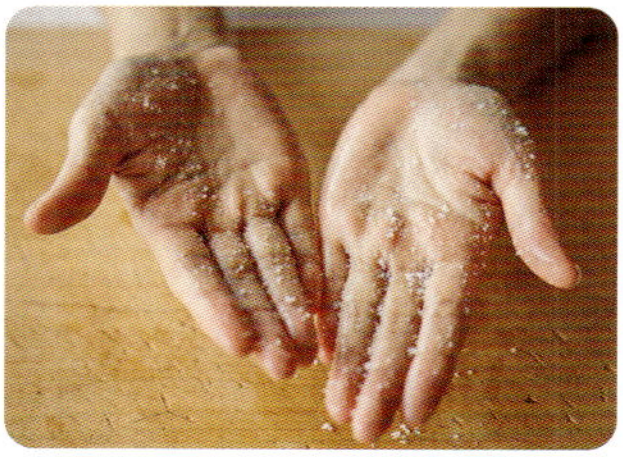

6 手のひら全体にこすりつけて広げます。

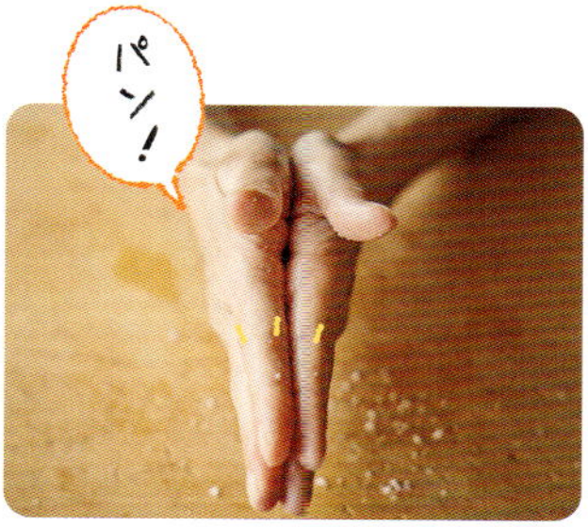
パン!

7 パンパンと手拍子して、余分な塩を落とします。

※これで、おにぎりに実際にまぶされる塩は、レシピに表記の量より少なくなります。手拍子をしないとかなりしょっぱいので、必ず行ってください。

手拍子の回数

塩の残り方はこんな感じ

塩むすび
「パン」と1回

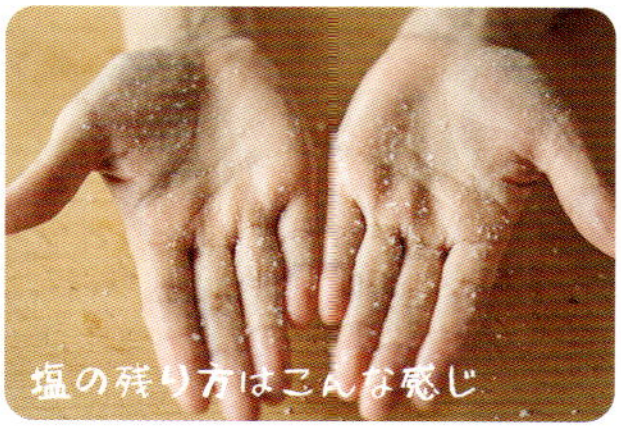
塩の残り方はこんな感じ

具を芯にして作るおにぎり
「パンパン」と2回

にぎる

8ページで紹介したように、現在流通している米は、炊くともちもちして粘りけが多いタイプが一般的。こうした米を文字通り「にぎる」と、おにぎりが冷めたときに石のようにカチカチになってしまいます。粘りけの多いご飯は、にぎるのではなく「整える」のが正解。ほろりとほぐれる理想の食感にでき上がります。

8 手のひらに茶碗の中のご飯をのせます。

9 両手のひらで形を整えます。このとき、ぎゅっとにぎるのではなく、ご飯の粒と粒の間にある空気を残すように、手のひらでふんわりと包み込んで形をまとめます。

にぎり方のポイント①

力加減はご飯に「さわる」程度でいいのです。たとえるなら、「赤ちゃんの手をにぎる」「ひよこを手にのせて包む」くらい。こんなにやさしくていいの？と思うかもしれませんが、冷めればちゃんと形がまとまりますから、安心してください。

にぎり方のポイント②

手のひらの中でご飯の向きを変え、形を整える回数は、2、3回で十分。それ以上行うと冷めたときにかたいおにぎりになってしまいます。温かいうちに食べる場合は、形がくずれやすいので、少し強めの力加減で整えます。

形の整え方

おにぎりを作るとき、手のひらが「型」となります。下側の手と上側の手の役割を知れば、自分にとって食べやすい厚みや形ににぎれます。

《下の手でおにぎりの厚みを決める》

下の手ひらを曲げ、親指の付け根のふくらみでおにぎりの厚みを決めます。

《上の手でおにぎりの形を決める》

○丸形

上の手はこんな感じ

上の手で丸く形を整えます。

△三角形

上の手はこんな感じ

上の手で角を作ります。

のりを巻く

のりの役目は、おにぎりの持ちやすさや風味アップなど色々あります。のりがパリパリしているのが好きなら食べる直前に巻き、しっとり派ならおにぎりに巻いてしばらくおきます。のりの長さや幅もお好みで。のりを巻かずに食べてもかまいません。

10　のりを好みの長さと幅に切り、ざらざらしているほうを内側にしておにぎりに巻きます。

でき上がり!

【混ぜご飯のおにぎり】

混ぜご飯は、ご飯に具が混ざっているため
形がまとまりづらいので、
ラップを使ってにぎるのがおすすめです。

1 茶碗にラップを広げて敷きます。ラップは茶碗からはみ出すくらい大きめにカットすると、後の工程がやりやすくなります。

2 茶碗に混ぜご飯をふんわりと入れます。ギューギュー詰め込まないこと。

3 ラップの端を巾着状にきゅっとまとめて、茶碗からご飯を取り出します。

4 混ぜご飯をラップできれいに包み直します。

5 ラップの上からにぎります。17ページを参考に好きな形に整えます。混ぜご飯は白いご飯よりも形がまとまりにくいので、少し強めの力加減で形を整えます。

でき上がり！

のりの切り方と巻き方

のりの切り方と巻き方を変えると、同じおにぎりでも表情が変わります。
ここに紹介する切り方は、ほんの一例。
おにぎりの形や大きさに合わせて、好きなように巻いてください。

3つ切りを2/3の長さに

3つ切りののりを少し短く切ります。ご飯が見えるように巻きたいときに。

半端に残ったのりはそのまま食べちゃえ！

3つ切り

のりを3等分に切ります。たっぷりののりで巻きたいときに。

2つ切り

のりを半分に切ります。のりでおにぎり全体を包みたいときに。

のり以外にも…

あおさやとろろ昆布をまぶしたり、青じそ、白菜や野沢菜などの漬け物をのりの代わりにおにぎりに巻いても楽しいです。

朝おにぎり

火を使わずにパパッと作れる
スピードおにぎりと、
具がなくても最高においしい塩むすび。
忙しい朝に頼れる
とっておきのレシピです。

練り梅

材料（1人分）

梅干し	**1個**
ご飯	120g
塩	小さじ1/2
焼きのり	適量

作り方

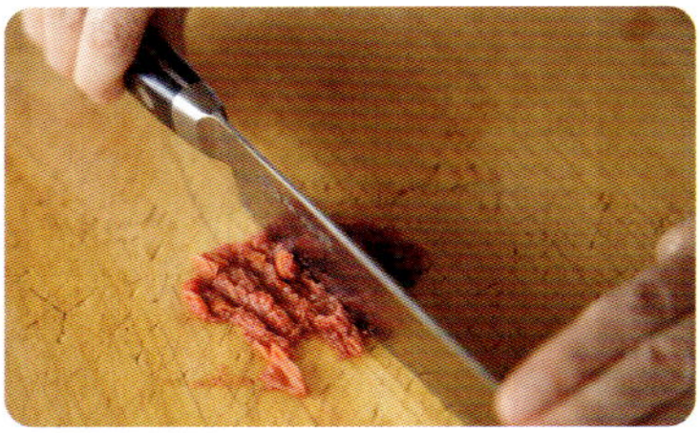

1 材料の下ごしらえ

梅干しは種を取り除き、果肉を包丁で細かくたたく。

作りおきしておくと便利！
（P.32を見てね）

b

a

2 ご飯にぬる

茶碗にご飯半量を入れ、梅干しをぬり広げa、残りのご飯をかぶせるb。

d

c

3 にぎる

手のひらを軽く水で湿らせて塩をのせて広げ、パンパンと2回手拍子して余分な塩を落とす。手のひらに**2**をのせc、好きな形ににぎるd。好みでのりを巻く。

ひと口目から
梅の味！

おかか+しょうゆ

材料（1人分）

削り節……小1袋（2g）
しょうゆ……小さじ1
ご飯……120g

作り方

a

1 混ぜご飯を作る

ボウルにご飯、削り節、しょうゆを入れてムラなく混ぜるa。

b

2 にぎる

茶碗にラップを敷き、混ぜご飯を入れるb。ラップの上から好きな形ににぎる。

明太子＋バター

材料（1人分）

明太子……15g
バター……2g
ご飯……120g
塩……小さじ1/2
焼きのり……適量

作り方

a

1 ご飯に具をのせる

茶碗にご飯半量を入れ、明太子とバターをのせるa。残りのご飯をかぶせる。

2 にぎる

手のひらを軽く水で湿らせて塩をのせて広げ、パンパンと2回手拍子して余分な塩を落とす。手のひらに**1**をのせ、好きな形ににぎる。好みでのりを巻く。

塩昆布＋チーズ

材料（1人分）

塩昆布……5g
スライスチーズ……1枚（15g）
ご飯……120g
塩……小さじ1/2
焼きのり……適量

作り方

a

1 材料の下ごしらえ

スライスチーズは半分にたたみ、5mm角に切る。

2 ご飯に具をのせる

茶碗にご飯半量を入れ、塩昆布とチーズをのせるa。残りのご飯をかぶせる。

3 にぎる

手のひらを軽く水で湿らせて塩をのせて広げ、パンパンと2回手拍子して余分な塩を落とす。手のひらに**2**をのせ、好きな形ににぎる。好みでのりを巻く。

なめたけ

材料（1人分）

なめたけ（びん詰め）……… 大さじ2（30g）
ご飯 …………………………… 120g
焼きのり ……………………… 適量

作り方

a

b

1 混ぜご飯を作る

ボウルにご飯となめたけを入れてムラなく混ぜるa。

2 にぎる

茶碗にラップを敷き、混ぜご飯を入れるb。ラップの上から好きな形ににぎり、好みでのりを巻く。

昆布の佃煮＋炒めひき肉

材料（1人分）

昆布の佃煮 ……………………………… **10g**
炒めひき肉（P.34） ………………… **大さじ1（10g）**
ご飯 ……………………………………… 120g

作り方

a

1 材料の下ごしらえ

耐熱容器に昆布の佃煮と炒めひき肉を入れて混ぜる。ラップをふんわりとかけa、電子レンジで10秒ほど加熱する。

b

2 混ぜご飯を作る

ボウルにご飯と**1**を入れてムラなく混ぜるb。

d

c

3 にぎる

茶碗にラップを敷き、混ぜご飯を入れるc。ラップの上から好きな形ににぎるd。

佃煮とひき肉を
レンジで温めると
ご飯によ〜くなじむ！

具がなくても うまい！ 塩むすびの作り方

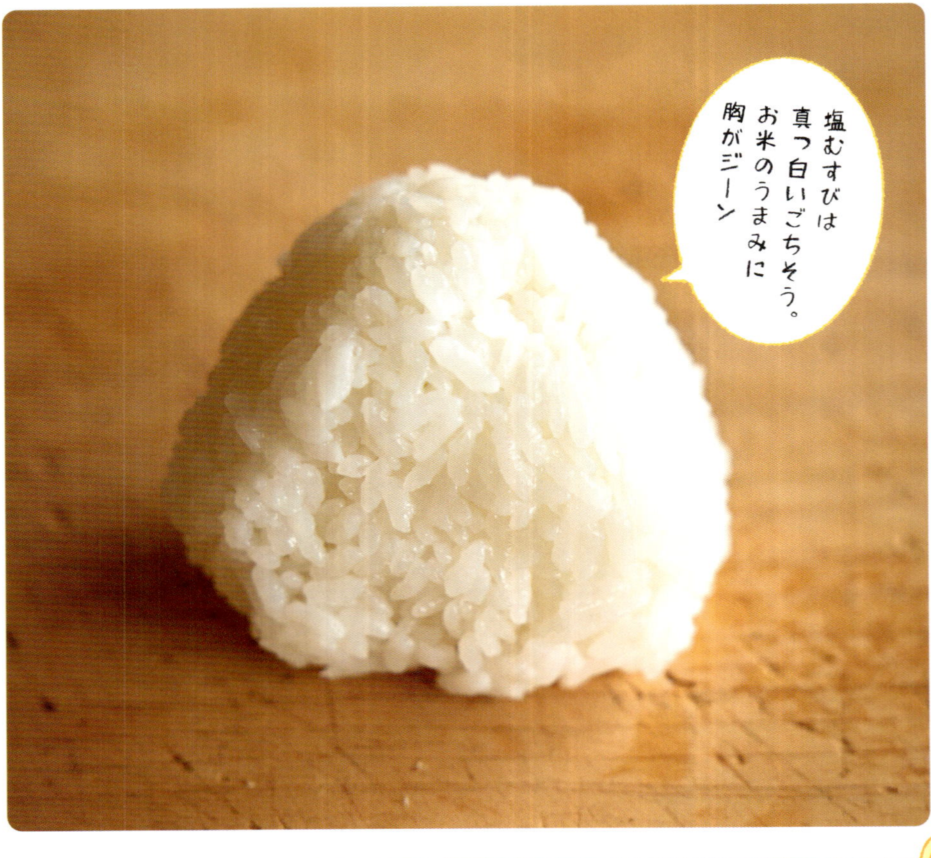
塩むすびは
真っ白いごちそう。
お米のうまみに
胸がジーン

①茶碗にご飯を入れる

茶碗に**ご飯120g**を入れる。熱々の場合、茶碗に入れて触れるくらいまで冷ます。

②手のひらを水で湿らせる

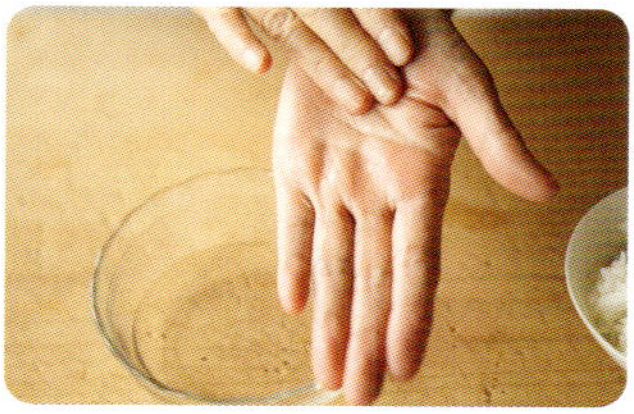

ご飯粒が手のひらにくっつかないように水でぬらす。軽く湿らせるくらいでOK。おにぎりが水っぽくなるのでビチョビチョはNG。容器に水を入れてぬらすと加減しやすい。

③手のひらに塩を広げる

手のひらに**塩小さじ1/2**をのせて、全体に広げる。

④余分な塩を落とす

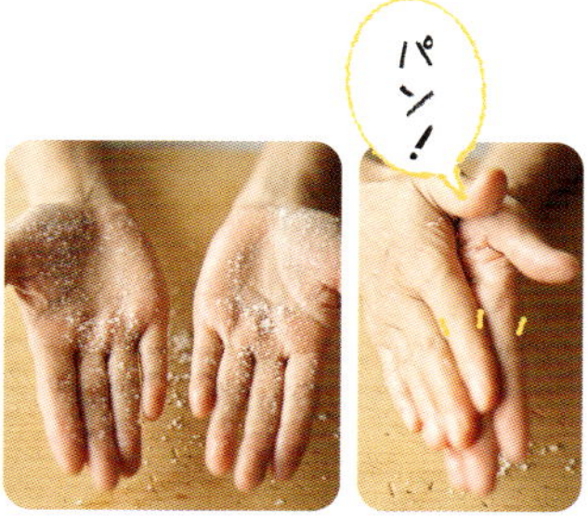

パンと1回手拍子して、余分な塩を落とす。塩むすびは「パンと1回」と覚えておけば、間違いなし！

⑤にぎる

茶碗に入れたご飯を手のひらにのせ、優しく2、3回転がすようにして向きを変え、形を整える。

作りおきコラム1

毎日でも食べたいおにぎりの具

練り梅

ご飯や他の具とのなじみがよく、使い勝手バツグン！

◎保存方法：ガラスやホーローなどの保存容器に入れ、冷蔵保存

◎保存期間：6か月

作り方

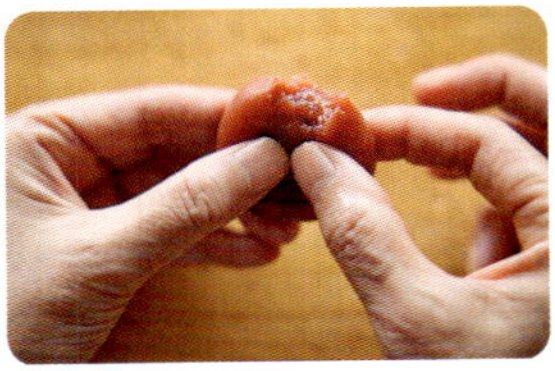

1 種を取る

梅干しは果肉をもんで種を取り除く。

2 果肉をたたく

ペースト状になるまで果肉を包丁で細かくたたく。

材料（作りやすい分量）

梅干し……………………10個（約100g）

◎残った種で「梅汁」を作ろう

種に残った果肉がもったいないので、うまみたっぷりの調味料を作りましょう。小鍋に梅干しの種を入れてひたひたの水を注ぎ、手で種から果肉をこそげ落としたら、中火にかけて3分ほど煮ます。清潔なびんなどで冷蔵保存を（保存期間：約1か月）。

使い方…おかゆの味つけ、野菜の浅漬けの素、昆布茶に混ぜて即席汁ものなど。

削り節でうまみをプラス。
お湯で溶けばみそ汁に！

ねぎみそ

◎**保存方法：**保存容器に入れ、冷蔵保存

◎**保存期間：**2か月

作り方

1 長ねぎを切る

長ねぎは小口切りにする。太ければ縦半分に切ってから小口切りに。

2 混ぜる

ボウルにねぎ、みそ、削り節を入れ、ゴムべらなどでムラなく練り混ぜる。

材料（作りやすい分量）

長ねぎ……1/2～1本（100g）
みそ……カップ1
削り節……小2袋（4g）

味つけせずに炒めるから
応用がききます

炒めひき肉

◎保存方法：保存容器に入れ、冷蔵保存
◎保存期間：1週間

作り方

1 ひき肉を炒める
フライパンにひき肉を入れて中火で熱し、木べらでほぐしながら炒める。

2 冷ます
ひき肉がポロポロになったら、でき上がり。完全に冷まして保存する。

材料（作りやすい分量）

合いびき肉（脂肪が少なめのもの）……150g

◎炒めひき肉の使い方

おにぎりの具にするときは、温めて調味料をなじませます。耐熱容器に入れてふんわりとラップをかけ、電子レンジで加熱を。昆布の佃煮など、調味済みの具と一緒にチンすると、簡単に味が決まります。炒めひき肉はおにぎり以外に卵焼きやみそ汁などにも使えます。

昼おにぎり

大好きな具で作る定番おにぎり、
混ぜご飯のおにぎり、
おそうざいをそのままにぎったおにぎり、
にぎらなくてもおにぎりの味がする
サンドと太巻き。
お昼に食べたいおにぎり、大集合。

練り梅＋おかか

材料（1人分）

- **練り梅**（P.32）……………**小さじ1½（9g）**
- **削り節**……………**小1/2袋（1g）**
- ご飯……………120g
- 塩……………小さじ1/2
- 焼きのり……………適量

作り方

a

1 材料の下ごしらえ

練り梅と削り節を混ぜるa。

c

b

2 ご飯にぬる

茶碗にご飯半量を入れ、**1**をぬり広げb、残りのご飯をかぶせるc。

d

3 にぎる

手のひらを軽く水で湿らせて塩をのせて広げ、パンパンと2回手拍子して余分な塩を落とす。手のひらに**2**をのせ、好きな形ににぎるd。好みでのりを巻く。

好きなおにぎりの
具を合体！

練り梅＋ねぎみそ

材料（1人分）

練り梅（P.32）	**小さじ1弱（4g）**
ねぎみそ（P.33）	**大さじ1（15g）**
ご飯	120g
塩	小さじ1/2
焼きのり	適量

作り方

a

1 ご飯に具をのせる

茶碗にご飯半量を入れ、ねぎみそと練り梅をのせる a。残りのご飯をかぶせる。

2 にぎる

手のひらを軽く水で湿らせて塩をのせて広げ、パンパンと2回手拍子して余分な塩を落とす。手のひらに**1**をのせ、好きな形ににぎる。好みでのりを巻く。

練り梅＋わさびふりかけ

材料（1人分）

練り梅（P.32）……………小さじ1½（9g）
わさびふりかけ……………小1袋（3g）
ご飯……………120g

作り方

a

1 ご飯に具をのせる

茶碗にラップを敷き、ご飯半量を入れ、練り梅をぬり広げる。

2 にぎる

残りのご飯をかぶせ、ラップの上から好きな形ににぎり、ラップを外す。

3 ふりかけをまぶす

バットの上にラップを敷き、ふりかけを広げる。おにぎりをのせa、ラップで包んでふりかけをまぶす。

おかか＋わさび＋しょうゆ

材料（1人分）

削り節……………………小1/2袋（1g）
練りわさび………………小さじ1/3（2g）
しょうゆ…………………小さじ2/3
ご飯…………………………120g
塩……………………………小さじ1/2
焼きのり……………………適量

作り方

a

1 材料の下ごしらえ

削り節、わさび、しょうゆを混ぜるa。

c

b

2 ご飯に具をのせる

茶碗にご飯半量を入れて**1**をのせb、残りのご飯をかぶせるc。

d

3 にぎる

手のひらを軽く水で湿らせて塩をのせて広げ、パンパンと2回手拍子して余分な塩を落とす。手のひらに**2**をのせ、好きな形ににぎるd。好みでのりを巻く。

伊豆で食べた
「わさび丼」がヒント
になりました

おかか+マヨネーズ+しょうゆ

材料（1人分）

削り節……小1袋（2g）
マヨネーズ……小さじ2
しょうゆ……小さじ1/2
ご飯……120g
塩……小さじ1/2
焼きのり……適量

作り方

1 材料の下ごしらえ

削り節、マヨネーズ、しょうゆを混ぜる。

2 ご飯に具をのせる

茶碗にご飯半量を入れ、**1**をのせる a。残りのご飯をかぶせる。

a

3 にぎる

手のひらを軽く水で湿らせて塩をのせて広げ、パンパンと2回手拍子して余分な塩を落とす。手のひらに**2**をのせ、好きな形ににぎる。好みでのりを巻く。

ツナ缶いらずで
ツナマヨ味！

おかか+コンビーフ+辛子+しょうゆ

材料（1人分）

削り節……………………**小1/2袋（1g）**
コンビーフ……………**大さじ1（12g）**
練り辛子…………………**小さじ1/5**
しょうゆ…………………**小さじ1/3**
ご飯……………………………120g
塩………………………………小さじ1/2
焼きのり………………………適量

作り方

1 材料の下ごしらえ

コンビーフはほぐし、削り節、辛子、しょうゆと混ぜる。

a

2 ご飯に具をのせる

茶碗にご飯半量を入れ、**1**をのせるa。残りのご飯をかぶせる。

3 にぎる

手のひらを軽く水で湿らせて塩をのせて広げ、パンパンと2回手拍子して余分な塩を落とす。手のひらに**2**をのせ、好きな形ににぎる。好みでのりを巻く。

昆布の佃煮＋練り梅

材料（1人分）

昆布の佃煮……………………………………**10g**
練り梅（P.32）……………………**小さじ1/2（3g）**
ご飯……………………………………………120g
塩………………………………………………小さじ1/2
焼きのり………………………………………適量

作り方

a

1 材料の下ごしらえ

昆布の佃煮と練り梅を混ぜるa。

c

b

2 ご飯に具をのせる

茶碗にご飯半量を入れ、**1**をのせるb。残りのご飯をかぶせるc。

d

3 にぎる

手のひらを軽く水で湿らせて塩をのせて広げ、パンパンと2回手拍子して余分な塩を落とす。手のひらに**2**をのせ、好きな形ににぎるd。好みでのりを巻く。

甘み・うまみ・
酸味・塩けが全部入り

昆布の佃煮＋いり卵

材料（1人分）

昆布の佃煮……10g
卵……1個
水……小さじ1
サラダ油……小さじ1
ご飯……120g

作り方

a

b

1 材料の下ごしらえ

卵は割りほぐし、水を混ぜる。フライパンにサラダ油を中火で熱し、溶き卵を流し入れて炒め、ふわふわの半熟状になったら火を止めるa。

2 混ぜご飯を作る

ボウルにご飯、昆布の佃煮、1を入れてムラなく混ぜる。

3 にぎる

茶碗にラップを敷き、混ぜご飯を入れるb。ラップの上から好きな形ににぎる。

昆布の佃煮+ちくわ

材料（1人分）

昆布の佃煮	**10g**
ちくわ	**1/2本**
ご飯	120g
塩	小さじ1/2
焼きのり	適量

作り方

a

1 材料の下ごしらえ

ちくわは縦4つ割りにして、7〜8mm幅に切る。

2 ご飯に具をのせる

茶碗にご飯半量を入れ、昆布の佃煮とちくわをのせるa。残りのご飯をかぶせる。

3 にぎる

手のひらを軽く水で湿らせて塩をのせて広げ、パンパンと2回手拍子して余分な塩を落とす。手のひらに**2**をのせ、好きな形ににぎる。好みでのりを巻く。

明太子＋貝割れ菜

材料（1人分）

明太子	20g
貝割れ菜	8g
ご飯	120g

作り方

a

1 材料の下ごしらえ

貝割れ菜は根元を切り落とし、1cm長さに切るa。

b

2 混ぜご飯を作る

ボウルにご飯、明太子、貝割れ菜を入れてムラなく混ぜるb。

d

c

3 にぎる

茶碗にラップを敷き、混ぜご飯を入れるc。ラップの上から好きな形ににぎるd。

明太子の塩けが強ければ、
分量を控えめに

明太子＋マヨネーズ

材料（1人分）

明太子	**20g**
マヨネーズ	**小さじ1**
ご飯	120g
塩	小さじ1/2
焼きのり	適量

作り方

a

1 ご飯に具をのせる

茶碗にご飯半量を入れ、明太子とマヨネーズをのせるa。残りのご飯をかぶせる。

2 にぎる

手のひらを軽く水で湿らせて塩をのせて広げ、パンパンと2回手拍子して余分な塩を落とす。手のひらに**1**をのせ、好きな形ににぎる。好みでのりを巻く。

たらこ＋枝豆

材料（1人分）

たらこ……20g
ゆで枝豆（さやから出したもの）……20g
ご飯……120g

作り方

a

1 混ぜご飯を作る

ボウルにご飯、たらこ、枝豆を入れてムラなく混ぜる。

2 にぎる

茶碗にラップを敷き、混ぜご飯を入れるa。ラップの上から好きな形ににぎる。

焼きたらこ＋チーズ

材料（1人分）

焼きたらこ	**1/3本分**
スライスチーズ	**1枚（15g）**
ご飯	120g
塩	小さじ1/2
焼きのり	適量

作り方

a

b

c

1 材料の下ごしらえ

スライスチーズは芯にしやすい大きさにたたむ。

2 ご飯に具をのせる

茶碗にご飯半量を入れ、チーズと焼きたらこをのせるa。残りのご飯をかぶせるb。

3 にぎる

手のひらを軽く水で湿らせて塩をのせて広げ、パンパンと2回手拍子して余分な塩を落とす。手のひらに**2**をのせ、好きな形ににぎるc。好みでのりを巻く。

◎たらこの焼き方

たらこ1本（1/2腹）をアルミホイルにのせ、オーブントースター（1000W）で5～7分焼く。

※残った焼きたらこは保存容器に入れて冷蔵庫で1週間ほど保存できます。

たらこは外が香ばしく、
中が少〜しレアなのが
理想！

塩昆布＋ささ身

材料（1人分）

塩昆布……5g
鶏ささ身（筋を取ったもの）……1/3本（30g）
ご飯……120g
塩……小さじ1/2
焼きのり……適量

作り方

b

a

1 材料の下ごしらえ

耐熱容器にささ身を入れてラップをふんわりとかけa、電子レンジで30秒ほど加熱する。ささ身が冷めたら細かくほぐしb、塩昆布と混ぜる。

c

2 ご飯に具をのせる

茶碗にご飯半量を入れ、**1**をのせるc。残りのご飯をかぶせる。

d

3 にぎる

手のひらを軽く水で湿らせて塩をのせて広げ、パンパンと2回手拍子して余分な塩を落とす。手のひらに**2**をのせ、好きな形ににぎるd。好みでのりを巻く。

塩昆布+ツナ

材料（1人分）

塩昆布……5g
ツナ缶（汁をきったもの）……**1/4缶（15g）**
ご飯……120g
塩……小さじ1/2
焼きのり……適量

作り方

a

1 材料の下ごしらえ

塩昆布とツナを混ぜる。

2 ご飯に具をのせる

茶碗にご飯半量を入れ、**1**をのせるa。残りのご飯をかぶせる。

3 にぎる

手のひらを軽く水で湿らせて塩をのせて広げ、パンパンと2回手拍子して余分な塩を落とす。手のひらに**2**をのせ、好きな形ににぎる。好みでのりを巻く。

塩昆布＋なめたけ

材料（1人分）

塩昆布	**4g**
なめたけ（びん詰め）	**大さじ1（15g）**
ご飯	120g
塩	小さじ1/2
焼きのり	適量

作り方

a

1 ご飯に具をのせる

茶碗にご飯半量を入れ、塩昆布となめたけをのせるa。残りのご飯をかぶせる。

2 にぎる

手のひらを軽く水で湿らせて塩をのせて広げ、パンパンと2回手拍子して余分な塩を落とす。手のひらに**1**をのせ、好きな形ににぎる。好みでのりを巻く。

焼き塩ざけ＋青じそ＋白ごま

材料（1人分）

焼き塩ざけ……1/3切れ（約20g）
青じそ……2枚
いり白ごま……小さじ2
ご飯……120g
塩……ひとつまみ

作り方

b

a

1 ご飯に具をのせる

茶碗にラップを敷き、青じそ1枚を広げてごま半量をのせるa。その上にご飯半量を入れ、塩ざけをのせるb。

d

c

2 にぎる

残りのご飯をかぶせ、残りのごまをのせて塩をふるc。残りの青じそをのせ、ラップの上から好きな形ににぎるd。

◎塩ざけの焼き方

甘塩ざけ1切れ（70g）をアルミホイルにのせ、オーブントースター（1000W）で10分焼く。皮と骨を取り除き、切り分ける。

※残った焼き塩ざけは保存容器に入れて冷蔵庫で1週間ほど保存できます。

のりもいいけど、
青じそもね

焼き塩ざけ＋黒ごま

材料（1人分）

焼き塩ざけ（P.58）……1/2切れ（約40g）
いり黒ごま……大さじ1
ご飯……120g

作り方

a

1 材料の下ごしらえ

塩ざけは皮と骨を取り除く。小さめの容器に塩ざけを入れ、スプーンの背でつぶしてほぐすa。

b

2 混ぜご飯を作る

ボウルにご飯、**1**、ごまを入れてムラなく混ぜるb。

d

c

3 にぎる

茶碗にラップを敷き、混ぜご飯を入れるc。ラップの上から好きな形ににぎるd。

こんがり焼いても
おいしいよ

塩さば＋レモン汁

材料（1人分）

塩さば……40g（4cm幅）
レモン汁……小さじ1
ご飯……120g
塩……小さじ1/2
焼きのり……適量

作り方

1 材料の下ごしらえ

塩さばはアルミホイルにのせてオーブントースター（1000W）で7分ほど焼くa。皮と骨を取り除きb、レモン汁をかけるc。

c

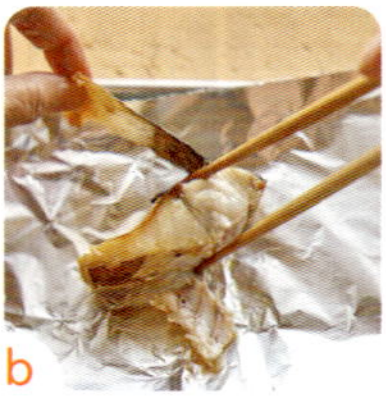
b

a

d

2 ご飯に具をのせる

茶碗にご飯半量を入れ、**1**をのせるd。残りのご飯をかぶせる。

e

3 にぎる

手のひらを軽く水で湿らせて塩をのせて広げ、パンパンと2回手拍子して余分な塩を落とす。手のひらに**2**をのせ、好きな形ににぎるe。好みでのりを巻く。

レモンの酸味で
さばのうまみが
引き立つ！

塩さば＋みそ

材料（1人分）

塩さば……40g（4cm幅）
みそ……小さじ1
ご飯……120g
塩……小さじ1/2
焼きのり……適量

作り方

b

a

1 材料の下ごしらえ

塩さばはアルミホイルにのせてオーブントースター（1000W）で7分ほど焼きa、皮と骨を取り除くb。

d

c

2 ご飯に具をのせる

茶碗にご飯半量を入れ、1をのせてみそをぬるc。残りのご飯をかぶせるd。

e

3 にぎる

手のひらを軽く水で湿らせて塩をのせて広げ、パンパンと2回手拍子して余分な塩を落とす。手のひらに2をのせ、好きな形ににぎるe。好みでのりを巻く。

ああ、たまらん。ため息もれるうまさかな

おかずいらずの満足感

混ぜご飯おにぎり

チーズ+しょうゆ

材料（1人分）

スライスチーズ……1枚（15g）
しょうゆ……小さじ1
ご飯……120g

作り方

a

1 材料の下ごしらえ
スライスチーズは半分にたたみ、5mm角に切る。

2 混ぜご飯を作る
ボウルにご飯、チーズ、しょうゆを入れてムラなく混ぜる。

3 にぎる
茶碗にラップを敷き、混ぜご飯を入れるa。ラップの上から好きな形ににぎる。

かに風味かまぼこ+天かす+三つ葉+めんつゆ

材料(1人分)

かに風味かまぼこ……2本
天かす……大さじ山盛り1(8g)
三つ葉……1本
めんつゆ(3倍濃縮タイプ)…小さじ1
ご飯……120g

作り方

a

1 材料の下ごしらえ

かにかまは長さを3等分に切ってほぐす。三つ葉はざく切りにする。

2 混ぜご飯を作る

ボウルにご飯、**1**、天かす、めんつゆを入れてムラなく混ぜる。

3 にぎる

茶碗にラップを敷き、混ぜご飯を入れる a。ラップの上から好きな形ににぎる。

ちりめんじゃこ+ねぎみそ

材料（1人分）

ちりめんじゃこ……大さじ2（15g）
ねぎみそ（P.33）……大さじ2（30g）
ご飯……120g

作り方

a

1 混ぜご飯を作る

ボウルにご飯、ちりめんじゃこ、ねぎみそを入れてムラなく混ぜる。

2 にぎる

茶碗にラップを敷き、混ぜご飯を入れる a。ラップの上から好きな形ににぎる。

たくあん＋いぶりがっこ＋おかか

材料（1人分）

たくあん……30g
いぶりがっこ……15g
削り節……小1/2袋（1g）
ご飯……120g

作り方

a

1 材料の下ごしらえ

たくあんは5mm角に切る。いぶりがっこは粗みじんに切る。

2 混ぜご飯を作る

ボウルにご飯、1、削り節を入れてムラなく混ぜる。

3 にぎる

茶碗にラップを敷き、混ぜご飯を入れるa。ラップの上から好きな形ににぎる。

炒めひき肉+キムチ+ごま油

材料（1人分）

炒めひき肉（P.34）……大さじ2（20g）
白菜キムチ……30g
ごま油……小さじ1/2
ご飯……120g

作り方

a

1 材料の下ごしらえ

キムチは大きければ食べやすく刻む。耐熱容器にキムチ、炒めひき肉、ごま油を入れて混ぜる。ラップをふんわりとかけa、電子レンジで30秒ほど加熱する。

b

2 混ぜご飯を作る

ボウルにご飯、1を入れてムラなく混ぜる。

3 にぎる

茶碗にラップを敷き、混ぜご飯を入れるb。ラップの上から好きな形ににぎる。

炒めひき肉＋しば漬け

材料（1人分）

炒めひき肉（P.34）…大さじ山盛り1（15g）
しば漬け……25g
ご飯……120g
焼きのり……適量

作り方

a

1 材料の下ごしらえ

しば漬けは5mm角に切る。耐熱容器にしば漬けと炒めひき肉を入れて混ぜる。ラップをふんわりとかけ、電子レンジで20秒ほど加熱する。

2 混ぜご飯を作る

ボウルにご飯、1を入れてムラなく混ぜる。

3 にぎる

茶碗にラップを敷き、混ぜご飯を入れる a。ラップの上から好きな形ににぎる。好みでのりを巻く。

ハム+ひじき煮

材料（1人分）

ハム……20g
ひじき煮……30g
ご飯……120g

作り方

a

1 材料の下ごしらえ

ハムは5mm四方に切る。

2 混ぜご飯を作る

ボウルにご飯、ハム、ひじき煮を入れてムラなく混ぜる。

3 にぎる

茶碗にラップを敷き、混ぜご飯を入れるa。ラップの上から好きな形ににぎる。

ランチョンミート+トマトケチャップ+こしょう

材料（1人分）

ランチョンミート……40g
トマトケチャップ……大さじ1½
こしょう……少量
ご飯……120g

作り方

a

1 材料の下ごしらえ

ランチョンミートは5mm角に切る。耐熱ボウルにご飯、ランチョンミート、ケチャップを入れてラップをふんわりとかけa、電子レンジで1分30秒ほど加熱する。

b

2 混ぜご飯を作る

1をムラなく混ぜる。

3 にぎる

茶碗にラップを敷き、混ぜご飯を入れるb。ラップの上から好きな形ににぎり、食べる前にこしょうをふる。

えび天おにぎり

材料（1人分）

えびの天ぷら……1本
めんつゆ（3倍濃縮タイプ）……小さじ1
七味唐辛子……少量
ご飯……120g
塩……小さじ1/2
焼きのり……適量

作り方

b

a

1 材料の下ごしらえ

えび天はキッチンペーパーを敷いた天板にのせ、オーブントースター（700W）で5分ほど焼き、カリッとさせるa。えび天にめんつゆと七味唐辛子をからめるb。

c

2 ご飯に具をのせる

茶碗にラップを敷いてご飯半量を入れ、1をのせるc。

d

3 にぎる

えびの尻尾が出るように残りのご飯をかぶせ、ラップの上からにぎって具とご飯を密着させd、ラップを外す。手のひらを軽く水で湿らせて塩をのせて広げ、パンパンと2回手拍子して余分な塩を落とす。手のひらにおにぎりをのせ、形を整える。好みでのりを巻く。

天丼をおにぎりに
しちゃったよ

鶏のから揚げおにぎり

材料（1人分）

鶏のから揚げ……1個（45g）
パクチー……1本
ナンプラー……小さじ1
ご飯……120g
塩……小さじ1/2

作り方

a

b

1 材料の下ごしらえ

から揚げにナンプラーをからめるa。パクチーはざく切りにする。

2 ご飯に具をのせる

茶碗にラップを敷いてご飯半量を入れ、1をのせるb。

3 にぎる

残りのご飯をかぶせてラップの上からにぎり、具とご飯を密着させてラップを外す。手のひらを軽く水で湿らせて塩をのせて広げ、パンパンと2回手拍子して余分な塩を落とす。手のひらにおにぎりをのせ、形を整える。

焼き鳥おにぎり

材料（1人分）

焼き鳥……………………**2本（60g）**
マヨネーズ……………………**小さじ1**
ご飯……………………120g
塩……………………小さじ1/2
焼きのり……………………適量

作り方

a

1 材料の下ごしらえ

焼き鳥は串を抜く。

2 ご飯に具をのせる

茶碗にラップを敷いてご飯半量を入れ、**1**をのせてマヨネーズをぬる。

3 にぎる

残りのご飯をかぶせてラップの上からにぎり、具とご飯を密着させてラップを外す。手のひらを軽く水で湿らせて塩をのせて広げ、パンパンと2回手拍子して余分な塩を落とす。手のひらにおにぎりをのせ、形を整える。好みでのりを巻く。

シューマイおにぎり

材料（1人分）

シューマイ……**2個（80g）**
しょうゆ……**小さじ1**
練り辛子……**小さじ1/5**
ご飯……120g
塩……小さじ1/2
焼きのり……適量

作り方

1 材料の下ごしらえ

シューマイは1個を4等分に切り、耐熱容器に入れてラップをふんわりとかけ、電子レンジで20秒ほど加熱する。シューマイに辛子としょうゆをからめるa。

a

2 ご飯に具をのせる

茶碗にラップを敷いてご飯半量を入れ、**1**をのせるb。

b

3 にぎる

残りのご飯をかぶせてラップの上からにぎり、具とご飯を密着させてラップを外す。手のひらを軽く水で湿らせて塩をのせて広げ、パンパンと2回手拍子して余分な塩を落とす。手のひらにおにぎりをのせ、形を整える。好みでのりを巻く。

かき揚げおにぎり

材料（1人分）

かき揚げ	**1/2個（60g）**	ご飯	120g
焼き肉のたれ	**大さじ1**	塩	小さじ1/2
		焼きのり	適量

作り方

1 材料の下ごしらえ

かき揚げは2〜3cm角にちぎる。キッチンペーパーを敷いた天板にのせ、オーブントースター（700W）で5分ほど焼き、カリッとさせる。焼き肉のたれをからめるa。

a

2 ご飯に具をのせる

茶碗にラップを敷いてご飯半量を入れ、**1**をのせるb。

b

3 にぎる

残りのご飯をかぶせてラップの上からにぎり、具とご飯を密着させてラップを外す。手のひらを軽く水で湿らせて塩をのせて広げ、パンパンと2回手拍子して余分な塩を落とす。手のひらにおにぎりをのせ、形を整える。好みでのりを巻く。

にぎらず、ご飯をたたむだけ

おにぎりサンド

ねぎみそチーズサンド

材料（1人分）

ねぎみそ（P.33）……大さじ1（15g）
スライスチーズ……1枚（15g）
焼きのり（全形）……1/2枚
ご飯……120g

作り方

1 ラップにのりとご飯をのせる

ラップを30㎝四方に広げ、中央にのりを横長におく。ご飯をのせて平らに広げ、菜箸で真ん中に筋をつけるa。

a

2 具をのせる

ご飯の半面にねぎみそをぬる。もう半面にスライスチーズをのせるb。

c

3 サンドする

筋を折り目にして**2**をラップごと半分にたたむc。上から手のひらで強めに押して具とご飯を密着させd、空気を抜いて全体を包み、四角形に整える。ラップの上から包丁で半分に切り分ける。

d

ベーコンコーンサンド

材料（1人分）

ベーコン（ハーフサイズ）……2枚（20g）
コーン……カップ1/3（40g）
塩……小さじ1/4
こしょう……少量
焼きのり（全形）……1/2枚
ご飯……120g

作り方

1 材料の下ごしらえ

フライパンにベーコンを並べ入れ、中火で脂が出てくるまで焼く。ベーコンをひっくり返し、コーンを加えてベーコンの脂で炒めるa。塩、こしょうで調味する。

a

2 ラップにのりとご飯をのせる

ラップを30cm四方に広げ、中央にのりを横長におく。ご飯をのせて平らに広げ、菜箸で真ん中に筋をつける。

b

3 具をのせる

ご飯の半面にベーコンを敷き、コーン炒めをのせて広げるb。

4 サンドする

81ページの「**3サンドする**」と同様にたたみ、形を整える。ラップの上から包丁で半分に切り分ける。

完成！

ひき肉のしょうが炒めサンド

材料（1人分）

炒めひき肉（P.34）……大さじ3（30g）
おろししょうが……小さじ1/2
しょうゆ……小さじ1強
焼きのり（全形）……1/2枚
ご飯……120g

作り方

1 材料の下ごしらえ

耐熱容器に炒めひき肉、おろししょうが、しょうゆを入れてラップをふんわりとかけa、電子レンジで20秒ほど加熱する。

a

2 ラップにのりとご飯をのせる

ラップを30㎝四方に広げ、中央にのりを横長におく。ご飯をのせて平らに広げ、菜箸で真ん中に筋をつける。

b

3 具をのせる

ご飯の半面に1をのせて広げるb。

4 サンドする

81ページの「**3サンドする**」と同様にたたみ、形を整える。ラップの上から包丁で半分に切り分ける。

完成！

C

豚ピーマンきんぴらサンド

材料（1人分）

炒めひき肉（P.34）……大さじ山盛り1（15g）
ピーマン……1個
しょうゆ……小さじ1½
砂糖……小さじ2/3
サラダ油……小さじ1/2
焼きのり（全形）……1/2枚
ご飯……120g

作り方

1 材料の下ごしらえ

a

ピーマンは縦半分に切って種とへたを取り除き、斜め5mm幅に切る。フライパンにサラダ油を中火で熱し、ピーマンを炒める。しんなりしたら炒めひき肉を加えa、肉が温まったら砂糖としょうゆで調味する。

2 ラップにのりとご飯をのせる

b

ラップを30cm四方に広げ、中央にのりを横長におく。ご飯をのせて平らに広げ、菜箸で真ん中に筋をつけるb。

3 具をのせる

e

d

ご飯の半面に1をのせて広げるc。

4 サンドする

筋を折り目にして3をラップごと半分にたたむd。上から手のひらで強めに押して具とご飯を密着させe、空気を抜いて全体を包み、四角形に整える。ラップの上から包丁で半分に切り分ける。

完成！

C

スクランブルエッグサンド

材料（1人分）

卵……………………1個

A
- 水……………………小さじ1
- 塩、こしょう……各少量

スライスチーズ……………………1枚（15g）

バター……………………2g

B
- トマトケチャップ……………………大さじ1/2
- マヨネーズ……大さじ1/2

焼きのり（全形）……………1/2枚

ご飯……………………120g

作り方

1 材料の下ごしらえ

卵は割りほぐし、Aを混ぜる。フライパンにバターを入れて中火で溶かし、卵液を入れてゆっくり大きくかき混ぜるa。半熟状になったら火を止め、ひとまとめにする。

a

2 ラップにのりとご飯をのせる

ラップを30cm四方に広げ、中央にのりを横長におく。ご飯をのせて平らに広げ、菜箸で真ん中に筋をつけるb。

b

3 具をのせる

ご飯の半面に1をのせ、Bを混ぜてぬり広げる。もう半面にスライスチーズをのせるc。

e

d

4 サンドする

筋を折り目にして3をラップごと半分にたたむd。上から手のひらで強めに押して具とご飯を密着させe、空気を抜いて全体を包み、四角形に整える。ラップの上から包丁で半分に切り分ける。

完成！

ハムカツサンド

材料（1人分）

ハムカツ	1枚
中濃ソース	大さじ1
練り辛子	小さじ1/5
焼きのり（全形）	1/2枚
ご飯	120g

作り方

1 材料の下ごしらえ

ハムカツは両面に中濃ソースをぬるa。

a

2 ラップにのりと ご飯をのせる

ラップを30㎝四方に広げ、中央にのりを横長におく。ご飯をのせて平らに広げ、菜箸で真ん中に筋をつける。

b

3 具をのせる

ご飯の半面に**1**をのせ、辛子をぬるb。

4 サンドする

81ページの「**3サンドする**」と同様にたたみ、形を整える。ラップの上から包丁で半分に切り分ける。

完成！

ハンバーグサンド

材料（1人分）

ハンバーグ（加熱済みのもの）……1枚（70g）

A
- トマトケチャップ……大さじ1
- 中濃ソース……小さじ2
- しょうゆ……小さじ1/4

焼きのり（全形）……1/2枚

ご飯……120g

作り方

1 材料の下ごしらえ

耐熱容器にAを入れて混ぜ、ハンバーグを入れてからめる。ラップをふんわりとかけa、電子レンジで1分ほど加熱する。ハンバーグをスプーンの背で粗くつぶしてひと回り大きくするb。

b

a

2 ラップにのりとご飯をのせる

ラップを30cm四方に広げ、中央にのりを横長におく。ご飯をのせて平らに広げ、菜箸で真ん中に筋をつける。

c

3 具をのせる

ご飯の半面に1をのせるc。

4 サンドする

81ページの「**3ナンドする**」と同様にたたみ、形を整える。ラップの上から包丁で半分に切り分ける。

完成！

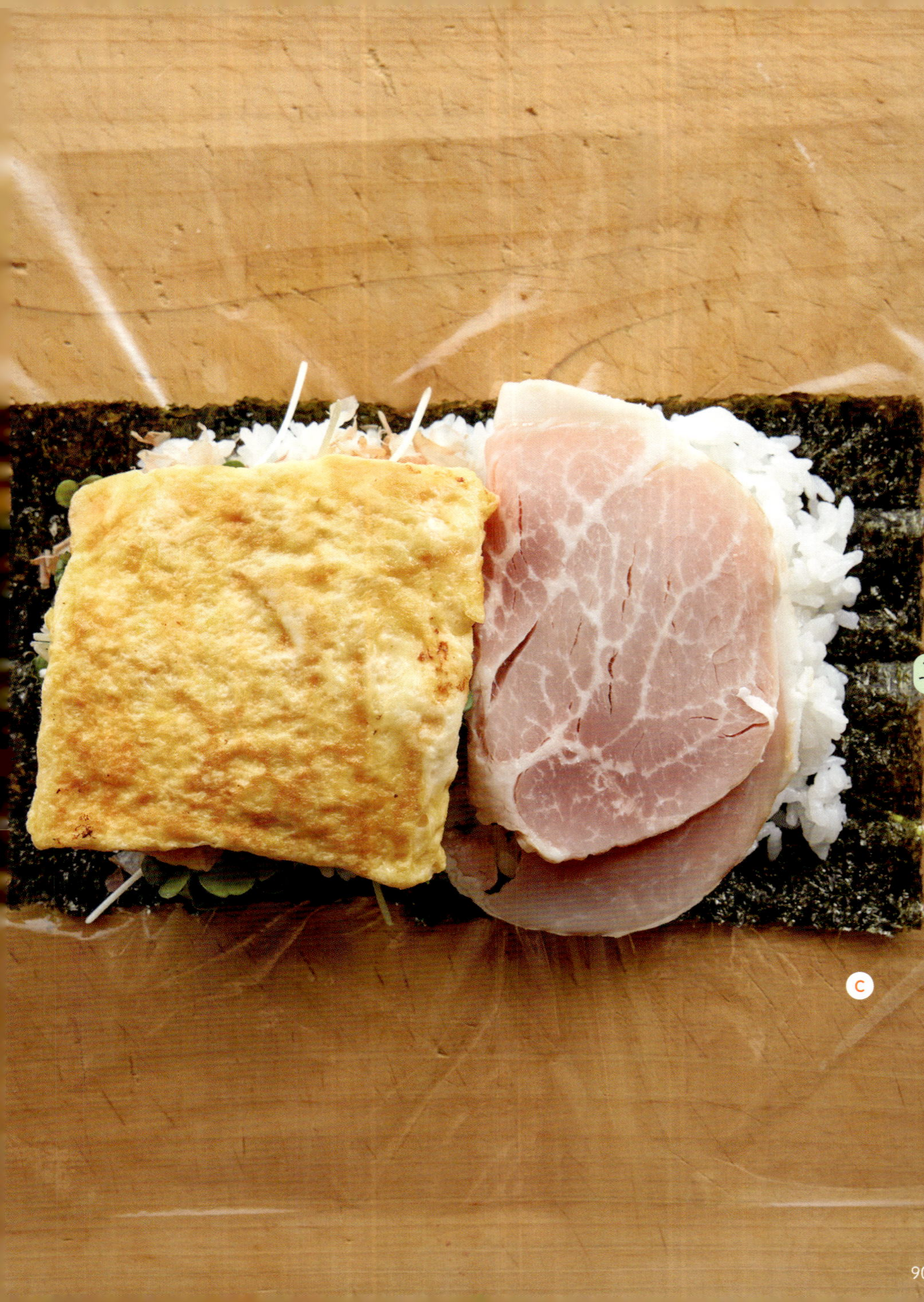
C

ハムエッグサンド

材料（1人分）

卵 …… 1個
ハム …… 20g
貝割れ菜 …… 10g
削り節 …… 小1/2袋（1g）
サラダ油 …… 小さじ1
マヨネーズ …… 小さじ1
練り辛子 …… 小さじ1/5
焼きのり（全形） …… 1/2枚
ご飯 …… 120g

作り方

1 材料の下ごしらえ

卵は割りほぐす。フライパンにサラダ油を中火で熱し、卵液を流し入れて広げる。半熟よりやや火が通ったら、四方から中央に向かってたたむ（のりの半分の面積に合わせる）a。貝割れ菜は根元を切り落とす。

a

2 ラップにのりとご飯をのせる

ラップを30cm四方に広げ、中央にのりを横長におく。ご飯をのせて平らに広げ、菜箸で真ん中に筋をつける b。

b

3 具をのせる

ご飯の半面にマヨネーズと辛子をぬり、削り節を広げて貝割れ菜をのせる。貝割れ菜の上に卵焼きをのせ、もう半面にハムをのせる c。

e

d

4 サンドする

筋を折り目にして3をラップごと半分にたたむ d。上から手のひらで強めに押して具とご飯を密着させ e、空気を抜いて全体を包み、四角形に整える。ラップの上から包丁で半分に切り分ける。

完成！

食べやすくくるりと巻いて

太巻きおにぎり

いわしのみそ煮巻き

材料（1人分）

いわしのみそ煮缶	1尾分（40g）
グリーンリーフ	1/6〜1/4枚
マヨネーズ	小さじ1
七味唐辛子	小さじ1/4
焼きのり（全形）	1/2枚
ご飯	120g

作り方

1 ラップにのりとご飯をのせる

ラップを30cm四方に広げ、中央にのりを縦長におく。ご飯をのせ、のりの向こう側4cmほどを残して平らに広げるa。

a

2 具をのせる

ご飯の手前にグリーンリーフ、いわしのみそ煮の順にのせ、マヨネーズをぬる。マヨネーズの上に七味唐辛子をふるb。

c

3 巻く

のりの向こう端に沿ってご飯粒適量を並べ、指でつぶすc。手前からラップごと持ち上げ、ラップを巻き込まないように注意しながら巻くd。つぶしたご飯粒で巻き終わりをくっつける。ラップの上からギュッと押さえて具とご飯を密着させe、棒状に形を整える（両端は具がはみ出さないようにすぼめる）。ラップの上から包丁で食べやすい幅に切り分ける。

e

d

完成！

焼きウインナー巻き

材料（1人分）

ウインナーソーセージ	2本（40g）
塩	少量
こしょう	少量
焼きのり（全形）	1/2枚
ご飯	120g

作り方

1 材料の下ごしらえ

フライパンにソーセージを入れて弱めの中火にかけ、焦げ目がつくまでじっくり焼くa。

a

2 ラップにのりとご飯をのせる

ラップを30cm四方に広げ、中央にのりを縦長におく。ご飯をのせ、のりの向こう側4cmほどを残して平らに広げる。

b

3 具をのせる

ご飯の手前にソーセージをのせ、塩、こしょうをふるb。

4 巻く

93ページの「**3巻く**」と同様に巻き、形を整える。ラップの上から包丁で食べやすい幅に切り分ける。

ちくわきゅうり巻き

材料（1人分）

ちくわ……………………1本
きゅうり（縦4つ割りにして長さを半分に切ったもの）……………………1/8本
スライスチーズ……………………1枚（15g）
練りわさび……………………小さじ1/5
しょうゆ……………………小さじ1
焼きのり（全形）……………………1/2枚
ご飯……………………120g

作り方

1 材料の下ごしらえ

ちくわの穴にきゅうりを差し込むa。

a

2 ラップにのりとご飯をのせる

ラップを30cm四方に広げ、中央にのりを縦長におく。ご飯をのせ、のりの向こう側4cmほどを残して平らに広げる。

b

3 具をのせる

ご飯の手前にスライスチーズ、1の順にのせ、チーズの向こうにわさびを一文字にぬり、しょうゆをたらすb。

4 巻く

93ページの「**3巻く**」と同様に巻き、形を整える。ラップの上から包丁で食べやすい幅に切り分ける。

ねぎみそゆで卵巻き

材料（1人分）

- ゆで卵……1個
- ねぎみそ（P.33）……大さじ1（15g）
- 焼きのり（全形）……1/2枚
- ご飯……120g

作り方

1 材料の下ごしらえ

ゆで卵は縦4等分に切る。

2 ラップにのりとご飯をのせる

ラップを30cm四方に広げ、中央にのりを縦長におく。ご飯をのせ、のりの向こう側4cmほどを残して平らに広げる。

3 具をのせる

ご飯の手前にねぎみそをぬり、ゆで卵を2切れずつ並べる a。

4 巻く

93ページの「**3巻く**」と同様に巻き、形を整える。ラップの上から包丁で食べやすい幅に切り分ける。

a

完成！

チャーシュー卵巻き

材料（1人分）

チャーシュー……40g
卵……1個
貝割れ菜……5g
サラダ油……小さじ1
食べるラー油……小さじ1
焼きのり（全形）……1/2枚
ご飯……120g

作り方

1 材料の下ごしらえ

卵は割りほぐす。フライパンにサラダ油を中火で熱し、卵液を流し入れて広げる。半熟よりやや火が通ったら、四方から中央に向かってたたむ（のりの半分の面積に合わせる）a。貝割れ菜は根元を切り落とす。

a

2 ラップにのりとご飯をのせる

ラップを30cm四方に広げ、中央にのりを縦長におく。ご飯をのせ、のりの向こう側4cmほどを残して平らに広げる。

b

3 具をのせる

ご飯の上にチャーシューを広げてのせ、手前に卵焼き、貝割れ菜の順にのせる。卵焼きの向こうに一文字に食べるラー油をのせるb。

4 巻く

93ページの「**3巻く**」と同様に巻き、形を整える。ラップの上から包丁で食べやすい幅に切り分ける。

完成！

C

豚しゃぶ巻き

材料（1人分）

豚しゃぶ……2、3枚（35g）
青じそ……4枚
練り梅（P.32）
……大さじ1½（27g）
いり白ごま……小さじ2/3
焼きのり（全形）……1/2枚
ご飯……120g

作り方

1 ラップにのりとご飯をのせる

ラップを30㎝四方に広げ、中央にのりを縦長におく。ご飯をのせ、のりの向こう側4㎝ほどを残して平らに広げるa。

2 具をのせる

ご飯の上にごまをふり、中央に練り梅をぬるb。手前に青じそを並べ、豚しゃぶをのせるc。

3 巻く

のりの向こう端に沿ってご飯粒適量を並べ、指でつぶす。手前からラップごと持ち上げ、ラップを巻き込まないように注意しながら巻くd。つぶしたご飯粒で巻き終わりをくっつける。ラップの上からギュッと押さえて具とご飯を密着させ、棒状に整える（両端は具がはみ出さないようにすぼめる）e。ラップの上から包丁で食べやすい幅に切り分ける。

◎豚しゃぶの作り方

小鍋に水300㎖を入れ、強火にかける。しっかり沸騰したら中火にし、豚肩ロース薄切り肉（しゃぶしゃぶ用）150gを入れて菜箸でほぐす(a)。半分ほど火が通ったら火を止め、余熱で完全に火を通す。

※残った豚しゃぶは保存容器に入れ、一度沸かしてあくを取り除いたゆで汁を注ぎます。完全に冷めたら冷蔵庫へ。7日ほど保存できます。汁はスープやみそ汁に使えます。

作りおきコラム2

ちょっと特別なおにぎりの具

自家製塩ざけ

時間はかかるけど、
自分で作ると最高においしい！

◎**保存方法：**焼いてから保存容器に入れ、冷凍保存

◎**保存期間：**1か月

脂ののった
チリ産のさけがおすすめ。
大ぶりの切り身を選んで！

材料（作りやすい分量）

銀ざけ（切り身）……4切れ（約400g）
塩……小さじ6

《作り方》

さけに塩をまぶし、冷蔵庫にひと晩おく

1 まな板の上にペーパータオルを広げ、さけの切り身をおく。1切れにつき、塩小さじ1½をふりかけ、手でさけの両面にしっかりまぶす。

2 切り身の断面を合わせるように並べ、キッチンペーパーで包み、さらにもう1枚のキッチンペーパーで二重に包む。

3 ポリ袋に入れて空気を抜き、口をしっかり閉じて冷蔵庫にひと晩おく。

ペーパーを替えて、冷蔵庫に4～5日おく

4 ひと晩おいたさけの切り身。さけから水分が出て、キッチンペーパーが湿った状態に。

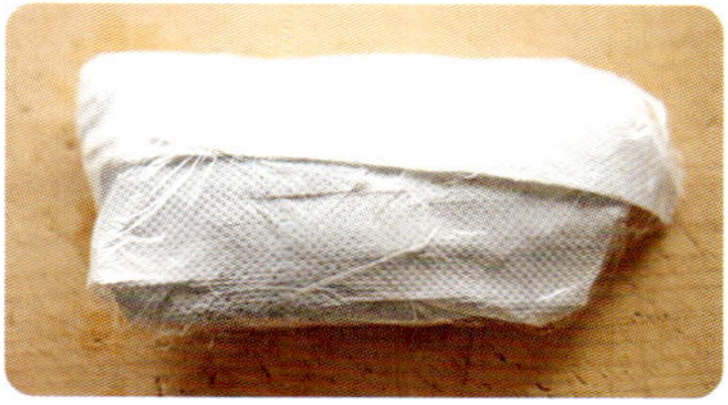

5 さけの水けをふき、キッチンペーパーを替えて1日目と同じように包み直し、空気に触れないようにラップでぴっちり包む。

6 ポリ袋に入れて空気を抜き、口をしっかり閉じて冷蔵庫に4～5日おく。

自家製塩ざけおにぎり

材料（1個分）

自家製塩ざけ（焼いたもの）……**1/3切れ（約20g）**
ご飯……120g
塩……小さじ1/2
焼きのり……適量

a

1 ご飯に具をのせる

茶碗にご飯半量を入れ、焼き塩ざけをのせるa。残りのご飯をかぶせる。

2 にぎる

手のひらを軽く水で湿らせて塩をのせて広げ、パンパンと2回手拍子して余分な塩を落とす。手のひらに1をのせ、好きな形ににぎる。好みでのりを巻く。

塩ざけを焼いて、冷凍保存する

7 4～5日おいたさけの切り身。断面は赤いままでツヤツヤしている。

8 天板にアルミホイルを敷いてさけの切り身を並べ、オーブントースター（1000W）で10～15分焼き、中まで火を通す（焦がさないように様子を見ながら焼く）。

9 粗熱が取れたら皮と骨を取り、1切れを3～4等分に切り、保存容器に入れて冷凍する。生で保存するよりも長持ちするうえ、すぐに食べられて便利。
※使うときは電子レンジで解凍する。

おにぎりはもちろん、
どんぶり飯にのせて牛丼にしても！

牛肉のしぐれ煮

◎**保存方法：**保存容器に入れ、冷蔵保存

◎**保存期間：**2週間（冷凍は1か月）

材料（作りやすい分量）

牛こま切れ肉	200g
しょうが（せん切り）	10g
小麦粉	小さじ2
砂糖	大さじ2
しょうゆ	大さじ3
水	大さじ3

《作り方》

牛肉の下ごしらえ

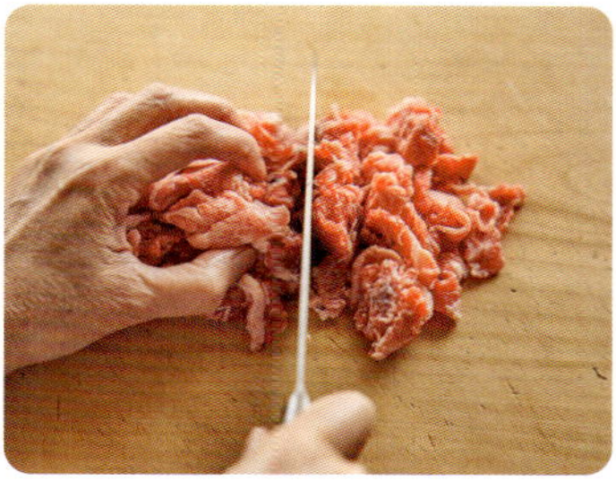

1 牛肉は1cm幅に切る。

2 ボウルに牛肉を入れ、しっとり仕上げるために小麦粉をまぶす。

牛肉の しぐれ煮おにぎり

材料（1個分）

牛肉のしぐれ煮……**30g**
ご飯……120g
塩……小さじ1/2
焼きのり……適量

作り方

a

1 ご飯に具をのせる

茶碗にご飯半量を入れ、牛肉のしぐれ煮をのせる a。残りのご飯をかぶせる。

2 にぎる

手のひらを軽く水で湿らせて塩をのせて広げ、パンパンと2回手拍子して余分な塩を落とす。手のひらに1をのせ、好きな形ににぎる。好みでのりを巻く。

牛肉を煮る

3 鍋にすべての材料を入れて中火にかけ、菜箸でほぐしながら煮る。

4 牛肉の色が変わったら火を止め、そのまま冷まして味を含ませる。保存容器に入れて冷蔵する。

夜おにぎり

おつまみになるおにぎりと
焼きおにぎりで、
ゆったりのんびり
晩酌タイム。
今日も一日お疲れさまでした。

ぶりのなめろう

材料（1人分）

ぶり（刺し身）……50g
長ねぎ……5cm
みそ……大さじ1
ご飯……120g

作り方

b

a

c

1 なめろうを作る

ぶりは1cm角に切るa。長ねぎは縦4つ割りにして小口切りにするb。まな板でぶりと長ねぎを合わせ、みそを加えて包丁でたたきながら全体にムラなく混ぜるc。

d

2 ご飯をにぎり、具をのせる

ラップを3枚広げ、ご飯を3等分にしてのせる。ラップの上から丸くにぎるd。器におにぎりを盛り、1をこんもりとのせる。

はじめに
なめろうだけで
酒をちびちび
続いて、
なめろうの味が
しみたおにぎり
で酒をちびちび

たいのごま和え

材料（1人分）

たい（刺し身）……50g
すり白ごま……大さじ2
しょうゆ……小さじ2
粉山椒……ひとつまみ
ご飯……120g

作り方

a

1 たいのごま和えを作る

たいは細切りにしてしょうゆをまぶし、1分ほどおく。味がしみ込んだらごまをまぶすa。

2 ご飯をにぎり、具をのせる

ラップを2枚広げ、ご飯を2等分にしてのせる。ラップの上から好きな形ににぎる。器におにぎりを盛り、1をこんもりとのせて粉山椒をふる。

お茶漬けのように
お湯をかけて
晩酌の〆にしても

トロたく納豆

材料（1人分）

まぐろ（刺し身）……50g
たくあん……20g
ひきわり納豆……15g
しょうゆ……小さじ2
焼きのり……適量
ご飯……120g

作り方

a

1 トロたく納豆を作る

まぐろは粗みじんに切り、たくあんは5mm角に切る。納豆、しょうゆと和えるa。

2 ご飯をにぎり、具をのせる

ラップを3枚広げ、ご飯を3等分にしてのせる。ラップの上から好きな形ににぎる。器にのりを敷いておにぎりを盛り、1をこんもりとのせる。

てんこ盛りしらす

材料（1人分）

- 釜揚げしらす……30g
- レモン（半月切り）……1切れ
- オリーブ油……小さじ2
- しょうゆ……小さじ1/2
- ご飯……120g

作り方

a

1 ご飯をにぎり、具をのせる

ラップを2枚広げ、ご飯を2等分にしてのせる。ラップの上から好きな形ににぎる。器におにぎりを盛り、しらすをのせa、オリーブ油、しょうゆをかける。レモンをぎゅっとしぼる。

オイルサーディンのつけ

材料（1人分）

オイルサーディン……1/2缶（50g）
青じそ……2枚
マヨネーズ……小さじ1
しょうゆ……小さじ1
ご飯……120g

作り方

a

1 混ぜご飯を作る

青じそは粗みじんに切る。ご飯、青じそ、しょうゆを混ぜるa。

2 ご飯をにぎり、具をのせる

ラップを2枚広げ、**1**を2等分にしてのせる。ラップの上から俵形ににぎる。器におにぎりを盛り、オイルサーディンをのせ、マヨネーズをかける。

ヅケサーモン

材料（1人分）

サーモン（刺し身）……50g
玉ねぎ……15g
塩……小さじ1/4
しょうゆ……小さじ2
A
- ケイパー……小さじ1
- レモン汁……小さじ1/2
- 練りわさび……小さじ1/4
- こしょう……ひとつまみ

ご飯……120g

作り方

b

a

c

1 ヅケサーモンを作る

玉ねぎは粗みじんに切り、塩もみをするa。サーモンは7mm角に切り、しょうゆをからめてヅケにするb。玉ねぎとサーモンをAで和えc、5分ほどおいて味をなじませる。

d

2 ご飯をにぎり、具をのせる

ラップを広げ、ご飯をのせてラップの上から円盤形ににぎるd。器におにぎりを盛り、1をこんもりとのせる。

おにぎりを
円盤形ににぎって
カナッペ風に

おかかローストビーフ

材料（1人分）

ローストビーフ……2枚（30g）
削り節……小1/2袋（1g）
しょうゆ……小さじ1
練りわさび……小さじ1/3
ご飯……120g

作り方

a

1 材料の下ごしらえ

ローストビーフは1.5cm幅に切り、しょうゆ、わさびで和える a。

2 ご飯をにぎり、具をのせる

ラップを2枚広げ、ご飯を2等分にしてのせる。ラップの上から好きな形ににぎり、ラップを外して削り節をまぶす。器におにぎりを盛り、1をこんもりとのせてわさび適量（分量外）をのせる。

おかかが
ローストビーフと
ご飯をつなぐ
橋渡し役に

練りうにちくわ

材料（1人分）

ちくわ……1本
練りうに……小さじ2（10g）
もみのり……全形1/4枚分
ご飯……120g

作り方

a

1 材料の下ごしらえ

ちくわは縦4つ割りにして5mm幅に切り、練りうにと和えるa。

2 ご飯をにぎり、具をのせる

ラップを2枚広げ、ご飯を2等分にしてのせる。ラップの上から好みの形ににぎる。器におにぎりを盛り、もみのりをのせて**1**をこんもりとのせる。

オリーブご飯 生ハム巻き

材料（1人分）

生ハム……2枚（20g）
黒オリーブ（種なし）……4粒
オリーブ油……小さじ1/2
粉チーズ……小さじ2〜大さじ1
粗びき黒こしょう……ひとつまみ
ご飯……120g

作り方

a

b

1 混ぜご飯を作る

黒オリーブは粗みじんに切るa。ご飯、オリーブ、オリーブ油、粉チーズ、こしょうを混ぜるb。

c

d

2 ご飯をにぎり、生ハムで巻く

ラップを2枚広げ、1を2等分にしてのせる。ラップの上から好みの形ににぎるc。生ハムを広げ、おにぎりをのせて巻くd。器におにぎりを盛り、こしょう適量（分量外）をふる。

みそ焼きおにぎり

材料（1人分）

みそ …… 小さじ2
ご飯 …… 120g

作り方

a

b

1 ご飯をにぎる

茶碗にラップを敷き、ご飯を入れるa。ラップの上から好きな形ににぎるb。

c

2 トースターで焼く

オーブントースターの天板にオーブンペーパーを敷き、ラップを外したおにぎりをのせ、上面にみそをぬるc。オーブントースター（1000W）で焦げ目がつくまで10〜15分焼く。

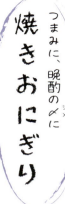

韓国風焼きおにぎり

材料（1人分）

コチュジャン……小さじ2
いり白ごま……小さじ1
ご飯……120g

作り方

1 ご飯をにぎる

茶碗にラップを敷き、ご飯を入れる。ラップの上から好きな形ににぎる。

2 トースターで焼く

オーブントースターの天板にオーブンペーパーを敷き、ラップを外したおにぎりをのせる。上面にごまをふってコチュジャンをぬりa、オーブントースター（1000W）で焼き色がつくまで10～15分焼く。

酒盗チーズ焼きおにぎり

材料（1人分）

酒盗……小さじ1
スライスチーズ……1枚（15g）
ご飯……120g

作り方

a

1 ご飯をにぎる

茶碗にラップを敷き、ご飯を入れる。ラップの上から好きな形ににぎる。

2 トースターで焼く

オーブントースターの天板にオーブンペーパーを敷き、ラップを外したおにぎりをのせる。上面にスライスチーズをかぶせて酒盗をのせa、オーブントースター（1000W）で、酒盗とチーズが溶けるまで10～15分焼く。

カマンベール焼きおにぎり

材料（1人分）

- カマンベールチーズ ……………… 20g
- しょうゆ ……………… 小さじ1
- ご飯 ……………… 120g

作り方

a

1 ご飯をにぎる

ご飯としょうゆを混ぜる。茶碗にラップを敷き、混ぜご飯を入れる。ラップの上から好きな形ににぎる。

2 トースターで焼く

オーブントースターの天板にオーブンペーパーを敷き、ラップを外したおにぎりをのせる。上面にカマンベールチーズをのせa、オーブントースター（1000W）で、チーズが溶けるまで10～15分焼く。

いかの塩辛焼きおにぎり

材料（1人分）

いかの塩辛……大さじ1強（20g）
バター……2g
ご飯……120g

作り方

a

1 ご飯をにぎる

茶碗にラップを敷き、ご飯を入れる。ラップの上から好きな形ににぎる。

2 トースターで焼く

オーブントースターの天板にオーブンペーパーを敷き、ラップを外したおにぎりをのせる。上面にいかの塩辛、バターの順にのせa、オーブントースター（1000W）で、バターが溶けて塩辛に焼き色がつくまで10～15分焼く。

卵黄おかか焼きおにぎり

材料（1人分）

卵黄……1個分
削り節……小1/2袋（1g）
ナンプラー……小さじ1
ご飯……120g

作り方

a

1 混ぜご飯を作る

ボウルにご飯、卵黄、削り節、ナンプラーを入れてムラなく混ぜるa。

c

b

2 トースターで焼く

オーブントースターの天板にオーブンペーパーを敷き、1をのせてb、円盤形にまとめるc。オーブントースター（1000W）で、うっすら焼き色がつくまで10〜15分焼く。

d

3 にぎる

2の粗熱が取れたら、広げたラップの上にのせ、ラップの上からにぎって形を整えるd。

あとがき

おにぎりのそばに

おにぎりのそばに汁ものがあるとうれしいですよね。お茶でもいいのですが、汁ものがあると、それだけで「食事」になります。

　みそ汁だったら言うことありません。野菜たっぷりで、豆腐や油揚げなどのたんぱく質も入れた具だくさんのみそ汁とおにぎりの献立は、栄養バランスもよく、ほぼ完全食になります。作る手間はかからないのに、満足感もしっかり得られます。

　でも、みそ汁さえも作るのがおっくうな日もありますよね。お酒が進んでしまって台所に立つのが面倒なこともあります。そんなときは、注ぐだけでできる汁ものがおすすめです。食材や調味料を器に入れてお湯を注ぐだけ。こんな簡単な汁ものでも、おにぎりのそばにあると、体が温まってほっとするのです。

ごちそうさまでした!

そばちょこやお椀に、練り梅（P.32）と塩昆布を入れ、熱湯を注ぐだけの「梅昆布汁」。塩味を自分好みに調整できるのがうれしいです。ほかにも、めんつゆ（3倍濃縮）大さじ1を熱湯150㎖で割り、三つ葉やねぎを加えた「めんつゆ汁」も簡単でおいしいです。

瀬尾幸子（せお・ゆきこ）

料理研究家。「手順が少ないのに、おいしく作れるレシピ」を雑誌、書籍、テレビなどで提案。「シンプルな味つけが素材のおいしさをいかすことだと思っているし、飽きずに食べ続けられる理由だと思っています。味が複雑すぎると、食べていて疲れちゃうでしょう？」。著書は『みそ汁はおかずです』（Gakken）、『60代、ひとり暮らし。瀬尾幸子さんのがんばらない食べ方』（世界文化社）など多数。

瀬尾さんにおにぎりインタビュー！

●好きなおにぎりの具は？
「昆布の佃煮＋練り梅」「自家製塩ざけ」。「練り梅＋おかか」「練り梅＋わさびふりかけ」もよく作ります。この本には載っていないけれど「筋子」のおにぎりも好きです。

●晩酌のときに食べたくなるおにぎりは？
「ぶりのなめろう」は日本酒が進みますね。昼おにぎりで紹介した「鶏のから揚げおにぎり」は、エスニック味でビールによく合います。

●旅先で出合った思い出深いおにぎりを教えてください。
青森県津軽地方の「若生（わかおい）昆布」のおにぎり。炊きたてのご飯をおにぎりにして若い昆布の塩漬けで包んだものです。形も、だ円形と決まっています。太宰治の好物だったと聞きました。

◉撮影　木村拓
◉スタイリング　大畑純子
◉アートディレクション・デザイン
関宙明（ミスター・ユニバース）
◉プリンティングディレクション
江澤友幸（大日本DNPメディア・アート）
◉校正　合田真子
◉編集・構成　佐々木香織
◉企画・編集　小林弘美（Gakken）
◉撮影協力　UTUWA

おにぎりは味方です

2025年4月29日　第1刷発行

著　者　瀬尾幸子
発行人　川畑 勝
編集人　中村絵理子
発行所　株式会社 Gakken
〒141-8416
東京都品川区西五反田 2-11-8
印刷所　大日本印刷株式会社

※この本に関する各種お問い合わせ先
● 本の内容については下記サイトのお問い合わせフォームよりお願いします。
https://www.corp-gakken.co.jp/contact/
● 在庫については　販売部　TEL03-6431-1250
● 不良品（落丁、乱丁）については　TEL0570-000577
学研業務センター
〒354-0045 埼玉県入間郡三芳町上富 279-1
● 上記以外のお問い合わせは　TEL0570-056-710（学研グループ総合案内）

○学研グループの書籍・雑誌についての新刊情報・詳細情報は、下記をご覧ください。
学研出版サイト　https://hon.gakken.jp/